# LA LLEI DEL MIRALL

Una regla màgica que resol
qualsevol problema de la vida

野口嘉則
YOSHINORI NOGUCHI

Traducció de Sandra Ruiz Morilla

comanegra

Aquesta història està basada en fets reals.
Els noms i les professions s'han canviat.

L'Eiko Akiyama és una mestressa de casa que enguany farà quaranta-un anys. El seu fill Yuta fa cinquè de primària, i l'Eiko està preocupada per ell. A l'escola l'assetgen. Sembla, però, que la cosa no ha anat tan lluny per arribar a les mans. Normalment el que succeeix és que li fan el buit o l'acusen de ser el culpable de qualsevol cosa que passa. Ell no deixa d'insistir que no l'estan assetjant, però l'Eiko el veu tan trist que se li trenca l'ànima.

A en Yuta li agrada el beisbol, però els seus amics ja no el conviden a jugar amb ells. Quan torna de l'escola es posa a jugar tot sol al parc, fent rebotre la pilota contra la paret.

Fa dos anys, en Yuta jugava amb els seus amics a beisbol. En aquella època, l'Eiko el veia jugar al pati de l'escola quan tonava de comprar. Un dia, el noi va fallar una jugada i se li van tirar tots a sobre. Els seus companys d'equip no li ho van perdonar i van començar a escridassar-lo:

—Ets un negat!

—Per culpa teva deixarem escapar tres punts!

—Si perdem, serà per culpa teva!

L'Eiko sabia que en Yuta no era cap eminència esportiva, però que tenia altres virtuts. «És tan bon noi...», va pensar. La feia patir que els altres no les hi veiessin, les virtuts. Va ser molt dur veure com el seu fill es disculpava amb un somriure als seus companys d'equip mentre aguantava tots els insults que en rebia.

Després d'aquell incident, van deixar de convidar-lo a jugar amb ells.

—Val més que no vinguis. Ets una nosa per a l'equip —li van dir.

Allò va ser el que li va saber més greu a en Yuta, que no el convidessin més a jugar a beisbol. I ho va pagar amb l'Eiko.

—Que estic bé! —repetia un cop i un altre.

Quan l'Eiko va intentar ensenyar-li la manera d'apropar-se de nou als seus companys, ell li va etzibar: «Calla, pesada! Deixa'm estar!». I quan li va demanar si volia que el canviessin d'escola, ell li va dir que si li feia allò no li ho perdonaria mai.

L'Eiko se sentia desgraciada perquè es veia incapaç d'ajudar el seu fill i va caure en la desesperació.

.......... ○ 鏡 ○ ..........

Un dia, després de l'escola, en Yuta va tornar a casa del parc molt d'hora i més malhumorat que de costum.

—Què t'ha passat?

—Res! —va respondre sense donar cap mena de detall.

La veritat es va saber arran d'una trucada.

—Eiko, t'ha explicat el que ha passat, en Yuta?

—El que ha passat? No.

—Avui jo estava amb el meu fill petit al gronxador del parc quan en Yuta ha començat com sempre a jugar tot sol fent rebotre la pilota contra la paret. Llavors, han vingut set o vuit dels seus companys de classe i li han dit que volien jugar al joc de matar i que ell allà els molestava. A més, un d'ells ha agafat la pilota i la hi ha llençada. En Yuta se n'ha anat corrents. Em sap molt de greu, perquè en aquell moment no hi he pogut fer res. Perdona.

L'Eiko es va quedar glaçada. «Li ha passat això i no me n'ha dit ni una paraula...». Estava trista perquè el seu fill no havia confiat en ella i aquell dia no va tenir forces per parlar-hi i obligar-lo a explicar-se.

·········· ○ 鏡 ○ ··········

L'endemà, l'Eiko va decidir trucar a un conegut del seu marit, el senyor Yaguchi. No havia parlat mai amb ell, però el seu marit li havia donat la seva targeta feia poc. Tots dos es coneixien del club de kendo de l'institut. S'havien perdut la pista durant prop de vint anys, però feia una setmana s'havien trobat casualment pel carrer.

Com que feia tant de temps que no es veien, havien decidit anar a prendre alguna cosa en una cafeteria i s'havien passat gairebé dues hores xerrant. El senyor Yaguchi treballava com a assessor d'empreses. El marit de l'Eiko li va explicar després que també era molt entès en psicologia i que ajudava a resoldre no només els problemes empresarials, sinó també els personals. Li havia parlat una mica del cas d'en Yuta i ell li havia dit que potser els podria ajudar. Per això li havia donat la targeta.

Aquell dia, abans de donar-la a l'Eiko, el seu marit li havia dit:

—Fes-li un truc. Ja li he explicat el cas.

—Per què haig de ser jo qui hi parli? Jo no el conec de res! Parla-hi tu directament.

—Ets tu qui em preocupa. Estàs molt afectada per tot això d'en Yuta. N'he estat parlant amb el senyor Yaguchi.

—Estàs insinuant que el problema el tinc jo? Soc la seva mare. És normal que estigui preocupada! Com que tu vas tot el dia amunt i avall amb el teu camió i no hi ets mai, se te'n fot. Soc jo la que es queda tot el dia aquí, cuidant d'en Yuta. Tu passes de tot. No penso anar a parlar amb aquest home perquè estic segura que no en sap res, de criar un fill —va dir l'Eiko llançant la targeta sobre la taula.

Havia passat una setmana des de llavors, però l'Eiko, en gran part per la trucada que havia rebut el dia anterior, ara estava tan deprimida que s'hi hauria agafat com un nàufrag.

Odiava aquesta sensació. Necessitava ajuda desesperadament, li era igual de qui. Va ser llavors quan li va venir a la ment el senyor Yaguchi. Afortunadament, no va trigar gens a trobar la targeta.

Havia passat una hora des que en Yuta havia marxat a l'escola quan es va decidir a fer la trucada. L'Eiko no s'imaginava les sorpreses que li deparava aquell dia.

.......... ○ 鏡 ○ ..........

La recepcionista va agafar el telèfon i la va passar amb el senyor Yaguchi. Ella va dir qui era. La veu agradable d'ell la va fer dubtar d'explicar-li o no els seus problemes. No sabia quines paraules fer servir. Va ser ell qui va trencar el gel:

—És la dona de l'Akiyama, vostè?

—Sí, soc jo.

—Oh! Encantat de conèixer-la!

—Que li ha dit res, el meu marit?

—Bé, alguna cosa sí que m'ha explicat. M'ha dit que està preocupada pel seu fill.

—Vostè em podria aconsellar? Té temps?

—Ara li podria dedicar una hora. Si li sembla bé, podem parlar per telèfon. Expliqui'm.

L'Eiko va explicar-li que a en Yuta l'assetjaven a l'escola, que no tenia amics... I també el que li havia passat el dia anterior. Li resultava fàcil parlar amb ell.

Quan ho va haver explicat tot, el senyor Yaguchi li va dir:

—No hi ha res més dur per a una mare que veure el seu fill patir, oi?

L'Eiko va notar com les llàgrimes li queien en sentir aquelles paraules. El senyor Yaguchi, en adonar-se que ella havia començat a plorar, va esperar que es calmés abans de continuar.

—Entenc que vulgui posar-hi remei. Li faré algunes preguntes que potser ens donaran alguna pista de per on hem de començar a solucionar el problema.

L'Eiko no s'acabava de creure que es pogués solucionar el problema que l'havia estat perseguint sense remei des de feia tant de temps. Desitjava de tot cor que fos així i que aquelles paraules es fessin realitat.

—Pregunti el que vulgui, faré el que calgui.

—Molt bé. Potser és una pregunta una mica indiscreta, però necessito saber si sent rancúnia cap a algú proper.

·········· ○ 鏡 ○ ··········

—Com diu?

—Li sembla que he canviat radicalment de tema, oi? Podria explicar-li tota la teoria, però ens demanaria hores, i és un temps que malauradament no tenim. Així que li exposaré la meva teoria. Crec que el que li està passant al seu fill té relació amb el fet que vostè no està agraint prou a algú el que ha fet per vostè. Crec que és algú, a més, a qui vostè guarda rancor.

—Què té a veure que al meu fill el maltractin a l'escola amb la meva situació personal? Tot això que diu sembla tret d'alguna secta religiosa.

—És normal que pensi així. Les bases de la meva hipòtesi se sustenten en unes lleis conegudes des de l'antiguitat, però que no s'ensenyen a l'escola.

—Quines lleis?

—Per exemple, que tot allò que passa és en realitat un resultat, una conseqüència, i l'origen de totes les conseqüències sempre és a dins d'un mateix. O que la realitat del que passa a la nostra vida no és més que un mirall que reflecteix el nostre interior. Normalment és quan ens mirem al mirall que pensem: «Tinc els cabells mal arreglats» o «Avui faig mala cara». Quan no en tenim, de mirall, no ens adonem de quina fila fem. Pensi en la vida com un mirall, que deixa veure el que hi ha dins seu. Gràcies a això, podem adonar-nos de com ens sentim i també podem tenir l'ocasió de canviar.

—Si el que em fa patir no és més que una projecció dels meus sentiments, què és exactament el que se m'està mostrant?

—És difícil d'especificar-ho i dir: és exactament «això». El que està passant a la seva vida és que al seu estimat fillet l'estan atacant i això la fa patir, no? Sí pensem en això com a resultat o conseqüència, un motiu possible seria que vostè estigui atacant algú a qui hauria d'haver tractat bé. Com que la vida actua com un mirall, el fet que dins del seu cor guardi rancúnia a una persona propera a la qual hauria d'estar agraïda es reflecteix en el patiment que li causa que d'altres tractin malament el seu fill estimat. Aquesta és la meva hipòtesi. No crec que vagi gaire desencaminat. Què me'n diu? Per exemple, quina és la relació actual amb el seu marit?

—Estic agraïda al meu marit. Treballa amb el camió perquè nosaltres puguem menjar cada dia.

—Li està agraïda. I el respecta, també?

·········· ○ 鏡 ○ ··········

A l'Eiko la va sorprendre sentir la paraula «respecte». Hi havia una part d'ell que sempre havia menystingut una mica. Acostumava a veure desconsideració i desinterès en el caràcter optimista del seu marit i, a més, li semblava una mica inculte.

L'Eiko tenia estudis universitaris i el seu marit només havia acabat l'institut. I no només això: parlava de manera grollera i mai no llegia res que no fossin revistes. A ella li encantava llegir i l'havia incomodada algun cop el sentiment de no voler que en Yuta fos com el seu pare.
Li ho va dir al senyor Yaguchi.

—¿Vostè pensa que la vàlua d'una persona es determina per la seva educació, pels seus coneixements o per la seva consideració cap als altres?

—No, no ho crec. Cada persona té els seus punts forts i els seus punts febles.

—Llavors, per què menysté el seu marit amb aquests estàndards?

—Sí, és incoherent...

—Quina relació té amb el seu marit?

—Sovint fa o diu coses que em treuen de polleguera. De vegades ens barallem.

—I què diu el seu marit sobre això d'en Yuta?

—Sempre em queixo sobre el tema, però la veritat és que mai no li ho he consultat seriosament perquè no confio gaire en el seu criteri o en els seus consells. Em costa molt d'acceptar les opinions que venen de persones com el meu marit.

—És clar. Potser hi ha un altre motiu de fons que explica per què li costa tant d'acceptar el seu marit. Crec que n'hauríem de parlar.

.......... ○鏡○ ..........

—Un motiu de fons?

—Sí. M'agradaria aprofundir en aquest tema. Està agraïda pel que va fer el seu pare per vostè?

—Què? El meu pare? Doncs és clar que li estic agraïda...

—Pot ser que una part de vostè pensi que és «incapaç de perdonar-lo»?

A l'Eiko la va sobtar que li demanés això. Havia d'admetre

que realment hi havia coses que no podia perdonar-li. Si bé li estava agraïda per haver-la criada, la veritat era que no li agradava, el seu pare. Tot i que, fins i tot després de casar-se, tornava a casa per Nadal i per les festes de l'Obon[1] a l'estiu, la conversa amb el seu pare es limitava gairebé a una protocol·lària salutació i poca cosa més.

Pensant-hi bé, aquesta relació tan distant ja la tenien des de l'institut.

—No he perdonat el meu pare... I crec que no el podré perdonar.

—Així que no el pot perdonar? De ben segur que té els seus motius. Tanmateix, m'agradaria que ho intentés. Què me'n diu?

—No acabo d'entendre què tenen a veure el meu marit i el meu pare amb el meu problema actual.

—De moment no és més que una teoria, però necessito que faci una cosa per poder confirmar que és certa.

1 El festival de l'Obon és una tradició budista per venerar els ancestres que se celebra al Japó a l'estiu.

—D'acord. Què haig de fer?

—El primer que ha de fer és escriure en un paper tot el que sent en relació amb el seu pare i que és incapaç de perdonar-li. També pot escriure frases per desfogar-se, on expressi la seva ràbia. Pot escriure, per exemple: «No el suporto», o «És un idiota», «És imbècil», «L'odio»... Tot el que vulgui. Expressi amb paraules tot el seu ressentiment, sense censures. Si es recorda d'algun fet concret, també el pot escriure: «Quan va passar allò, jo em vaig sentir així». Ho ha de fer fins que senti que ja ho ha deixat anar tot. Quan hagi acabat, truqui'm.

L'Eiko tenia molts dubtes que allò resolgués el problema d'en Yuta, però va decidir que era millor fer el que fos que no fer res. «Si hi ha alguna possibilitat que funcioni, ho haig d'intentar», va pensar.

No sabia si hi havia cap base en el que deia el senyor Yaguchi, però d'alguna manera se sentia persuadida a fer el que li demanava. Després de penjar el telèfon, va anar a agafar un quadern i hi va començar a escriure tots els sentiments que li despertava el seu pare.

«Quan era petita, el pare sempre ho criticava tot. Era habitual que ens sermonegés a l'hora de sopar. Si no fèiem el que ell volia, ens escridassava i ens renyava de mala manera. Sovint pensava que el pare no tenia el més petit interès pels meus sentiments.

»Quan bevia, es queixava de la feina. Em feia molta ràbia.

»Treballava per a una empresa constructora, dirigint les obres. No m'agradava gens quan tornava a casa ple de pols i brut, encara amb roba de la feina, i s'asseia directament a taula a sopar.»

L'Eiko va continuar escrivint els sentiments que li inspirava el seu pare. Sense adonar-se'n, va anar deixant anar un munt de frases força radicals, com ara: «No serveixes com a pare!» o «Em fas fàstic!».

Va recordar un incident que havia passat quan anava a l'institut:

«Un cop, vaig sortir amb un noi que anava a la meva classe. Estava passejant amb ell i el meu pare ens va veure per casualitat. Quan vaig tornar a casa, em va interrogar com si hagués comès un crim i em va fer un sermó.

»Els havia dit als meus pares que sortiria amb unes amigues i el meu pare no em va perdonar que mentís.

»Encara avui recordo les paraules que em va deixar anar: com pots ser tan roïna de mentir-nos a nosaltres, els teus pares! Ets una inútil, no en traurem mai res de bo, de tu!».

Una onada de ràbia li va venir a la ment en recordar allò. Ho va posar per escrit:

«És que venen ganes de mentir-te, amb aquest caràcter que tens! Que no entens que tenia bons motius per enganyar-vos? I això de dir-me que era una inútil i no en trauríeu mai res de bo, de mi? Com et vas passar, no!? Que no t'adones que això em va fer mal? Tu sí que no serveixes per a res, com a pare! Des d'aquell moment ja no vaig tenir ganes d'explicar-te mai més res. Tal faràs, tal trobaràs!».

L'Eiko es va sentir aviat trista i afligida. Mentre escrivia tot allò, no deixava de plorar.

Feia quasi dues hores que escrivia i se li havia fet gairebé el migdia sense adonar-se'n.

L'escrit tenia més de deu pàgines i reflectia tot de sentiments que li provocava el seu pare. No sabia si era per haver parlat d'ell d'una forma tan crua o si era perquè havia estat plorant com una Magdalena durant tot el procés, però la veritat era que se sentia molt millor.

.......... ○ 鏡 ○ ..........

L'Eiko va trucar al senyor Yaguchi prop de la una.

—Ha pogut escriure el que sentia?

—Sí. He plorat molt, però és com si m'hagués tret un pes de sobre.

—Deu haver estat difícil. Ara el que ha de fer és aconseguir perdonar el seu pare. Ja sé que em va dir que li resultaria impossible, però crec que ho aconseguirà. Com ho veu?

—Ho intentaré. Em sentiré millor si ho aconsegueixo.

—Perfecte. Recordi que perdonar el seu pare és una cosa que ha de fer per vostè i per ningú més. Prepari un full de paper i escrigui com a títol *Coses per les quals haig d'estar agraïda al pare*. Quines coses li agraeix, al seu pare?

—Per començar, que treballés per poder-me pujar. Treballava i guanyava diners perquè la família pogués menjar i no ens faltés res.

—Si us plau, escrigui això que m'acaba de dir. Què més?

—A veure... Doncs... Quan era petita, sovint em portava al parc i jugava amb mi.

—Anoti-ho, si us plau. Res més?

—Jo crec que això és tot...

—Llavors, prepari un altre full i tituli'l *Coses de les quals m'agradaria disculpar-me amb el pare*. Digui'm, de què voldria disculpar-s'hi?

—De res en especial... Si hagués de dir alguna cosa, potser optaria per haver sentit antipatia per ell durant tant de temps. Tot i que, sent sincera, li haig de dir que no és una cosa per la qual senti la necessitat de disculpar-me.

—No passa res si el que escriu no es correspon ben bé amb el que sent de debò. De moment, escrigui el que m'ha dit.

—Això és tot.

—Tinc una proposta per a vostè. Normalment no la faig en aquests estadis tan primerencs, però crec que vostè ja està preparada. Si no ho veu clar, no passa res. Trobarem un altre mètode. Segurament, si es decideix a dur-la a la pràctica, li caldrà una bona dosi de valor, possiblement més que no li ha calgut en tota la seva vida.

—Què és això que necessita tant de valor?

—La meva proposta és que truqui ara mateix al seu pare i li digui què li agraeix i per què es vol disculpar. Si no li surten les paraules de forma natural, pot dir-li només aquelles que té preparades, les que ha escrit abans. Pot limitar-se a llegir-les. Tampoc no hi ha problema que pengi el telèfon de seguida que les hagi dites. Què, s'hi veu amb cor?

—Mmm... Té raó que el valor que cal per fer-ho és considerable, més del que m'ha calgut mai. Però si existeix la possibilitat de resoldre el meu problema fent-ho, ho haig d'intentar. Tot i que... No és fàcil...

—Pensi-s'ho, i si se sent preparada, faci-ho. Avisi'm quan hagi acabat si finalment es decideix. Bé, l'haig de deixar. Estarem en contacte.

.......... ○鏡○ ..........

El que va fer que l'Eiko es decidís va ser que el senyor Yaguchi li digués que n'hi havia prou que llegís el que s'havia preparat.

De fet, ella no sentia que s'hagués de disculpar deres. Li semblava injust que fos ella qui hagués de demanar perdó al seu pare. «En tot cas, hauria de ser ell qui ho fes», pensava. De tota manera, si només es tractava de llegir-ho i prou, ho podria fer sense problemes, així que es va decidir.

De fet, de tant pensar-hi, li havien vingut ganes de trucar i això se li va fer estrany. Si no fos pel que estava passant, segurament l'Eiko no hauria trucat al seu pare en tota la seva vida.

Des que s'havia casat, cada cop que trucava a casa dels seus pares, quan s'hi posava ell li deia de seguida: «Soc jo. Em pots passar amb la mare?». Així que quan trucava i s'hi posava el seu pare, en el moment que ell sentia «Soc jo» ja cridava la mare per dir-li: «Et truca l'Eiko». Tampoc ell no es podia imaginar que l'Eiko li pogués trucar per parlar-hi. Tanmateix, aquest cop sí que la trucada era per a ell.

L'Eiko va pensar que, si s'ho rumiava gaire, al final no ho faria, així que es va decidir i va marcar.

Va ser la seva mare qui va agafar el telèfon.

—Soc jo.

—Hola, Eiko! Com estàs?

—Vaig fent... Que hi ha el pare?

—El teu pare, dius? Que vols parlar amb ell?

—Sí.

—Caram, això sí que és estrany! I de què li vols parlar?

—Doncs... La veritat és que és una mica llarg d'explicar... Que me'l pots passar, si us plau?

—Entesos. Espera.

En els pocs segons que va trigar el seu pare a respondre, el nerviosisme de l'Eiko va arribar al límit.

Havia odiat el seu pare moltíssims anys i durant tot aquest temps havia refusat d'obrir-li el seu cor.

Tanmateix, per a una Eiko que patia en extrem pel seu fill, res no semblava impossible, ni tan sols allò que abans ho era.

Si hi havia alguna possibilitat, per remota que fos, que una acció seva aconseguís que allò parés, ho faria. Era aquell pensament el que l'havia empès a arribar fins on era ara.

Va sentir la veu del seu pare a l'altra banda de la línia.

—Qu... Què passa? Vols parlar amb mi?

L'Eiko va començar a parlar presa del pànic, sense saber ben bé què estava dient.

—D'això... És que... No t'ho he dit mai fins ara però... T'he trucat perquè he pensat que seria millor dir-t'ho... Crec que la teva feina era molt dura i que et vas esforçar molt perquè jo pogués tirar endavant i... Te'n recordes quan em portaves al parc de petita? Doncs he pensat que mai no t'ho he agraït com calia... I també volia disculpar-me perquè durant tots aquests anys he estat en peu de guerra.

L'Eiko no va ser capaç de dir «gràcies» o «perdó», però havia aconseguit transmetre el missatge. S'havia dit a ella mateixa que de seguida que ell li respongués penjaria, però el pare no dcia ni una paraula. No podia penjar sense més, sense sentir una resposta seva. En això pensava l'Eiko quan va sentir la veu de la seva mare per l'auricular.

—Però es pot saber què li has dit, al pare!?

—Què?

— De segur que li has dit alguna cosa horrible! Ha arrencat a plorar a llàgrima viva!

Se sentien els plors desconsolats del pare a l'altra banda de la línia.

Es va quedar glaçada. No s'esperava aquella reacció. Mai no havia sentit el seu pare plorar. Tan fort que era sempre i ara el sentia sanglotar només per haver-li mostrat una mica de gratitud, encara que fos poc sentida!

Els plors del seu pare van fer que també afloressin llàgrimes als ulls de l'Eiko.

«Segur que el pare també volia estimar-me més i hauria volgut poder tenir més converses pare-filla amb mi. Però jo li havia refusat el meu amor», va pensar.

El pare fort, que aguantava estoicament les feines més dures, ara es fonia en llàgrimes.

No sabia que per a ell fos tan dur que la seva filla no li hagués expressat mai el seu afecte. Les llàgrimes de l'Eiko també van passar a ser sanglotades...

—Eiko, ja t'has calmat? Em vols explicar què passa?

—Mare, deixa'm parlar un altre cop amb el pare.

Ell s'hi va posar. La veu encara li tremolava per les llàgrimes.

—Eiko, perdona. No he estat mai un mai un bon pare. T'ho he fet passar molt malament! —Van tornar-se a sentir sanglots.

—Pare, ho sento. Perdona que no hagi estat una bona filla. I gràcies per cuidar de mi. —Els sanglots, ara de l'Eiko, van apagar la seva veu.

Va passar una estona abans de sentir la veu de la seva mare.

—Ja m'explicaràs què ha passat quan estiguis més calmada. Penjo, eh?

Després de penjar el telèfon, l'Eiko es va quedar immòbil una estona.

Havia odiat el seu pare durant vint anys, essent incapaç de perdonar-lo, pensant que ella era l'única víctima. S'havia centrat en això i havia estat incapaç de veure el seu pare amb uns altres ulls: no n'havia vist l'amor, ni les debilitats ni tampoc la seva involuntària malaptesa. No es podia imaginar com ho havia passat de malament per culpa seva, el seu pare.

Va començar a donar-hi voltes i va anar naixent en ella un sentiment de gratitud envers ell. Havia estat un encert treure el valor suficient per trucar al pare, va pensar.

·········· ○ 鏡 ○ ··········

—En Yuta tornarà d'aquí a una hora...

En aquell moment, va sonar el telèfon. Era el senyor Yaguchi.

—Hola, soc en Yaguchi. Ara tinc una estona lliure i he pensat de fer-li una trucada. M'ha sabut greu haver-la deixat, abans, amb la paraula a la boca, però és que havia quedat...

—La veritat és que he trucat al meu pare i m'alegro molt d'haver-ho fet. Gràcies.

Li va explicar ràpidament com havia anat la conversa.

—Ah, sí? Doncs m'alegro molt que al final hagi tingut el valor necessari per fer-ho.

—Pensava que el problema més gran que tenia era el d'en Yuta, però ara veig clar que era molt més greu haver estat enfadada durant tants anys amb el meu pare. Gairebé m'alegro que el tingués, aquest problema, perquè gràcies a això he pogut arreglar les coses amb el meu pare.

—És fantàstic que ara pugui enfocar aquest problema amb optimisme. D'això se'n diu la llei d'allò que és inevitable: quan aprenem una cosa, veiem clara la següent. La veritat és que tots els problemes que trobem a la vida tenen com a objectiu mostrar-nos algun fet important. És a dir, que res no succeeix per atzar, i que les coses passen perquè és inevitable que passin. O com a mínim és així fins que resolem un problema que tenim pendent. Som capaços de resoldre totes les dificultats que arriben a la nostra existència i, si ens hi posem amb optimisme, segur que al final ens porten algun benefici que ens farà dir: «M'alegro que em passés allò. Gràcies a aquell problema...».

—Sí, però continuo preocupada perquè encara no he solucionat el problema d'en Yuta.

—Ja. Suposo que això l'amoïna, però és possible que el pas que ha fet per perdonar el seu pare hagi estat un gran pas endavant i s'hagi començat a resoldre el problema del seu fill. Tot està relacionat, en el món dels sentiments.

—Tot està relacionat, en el món del sentiments... Doncs no ho acabo de veure...

—És normal. El que vull dir és que no és una idea tan desgavellada. Posem una mica d'ordre al que ha passat fins ara. El que més la feia patir era que en Yuta no compartís amb vostè els seus sentiments, oi? Vostè mateixa em va dir que era extremadament dur per a una mare veure's impotent davant la situació i que volia desterrar aquest patiment.

—Sí. No m'explica res quan l'assetgen a l'escola, i quan intento fer alguna cosa per ajudar-lo em diu que el deixi en pau. Em sento desarmada. És molt dur com a mare sentir que no pots fer-hi res, quan veus el teu fill tan trist.

—Sí, ha de ser molt dur. Per cert, sap a qui li va fer sentir aquesta sensació tan desagradable, oi?

—Com? A qui...?

A l'Eiko li va venir a la ment el seu pare. És clar! Aquest pesar havia fet patir durant molts anys el seu pare. Com a filla, li havia tancat el cor. L'havia rebutjat. I ell es devia sentir impotent com a pare...

«Igual que jo. Li he estat fent exactament això durant vint anys al pare...», va pensar l'Eiko mentre li venien llàgrimes als ulls.

—Ja ho veig. Jo li vaig fer el mateix al meu pare, el vaig fer patir. Això explica els seus plors.

—Els problemes que ens passen a la vida ens fan adonar de coses importants.

—Així que el problema d'en Yuta també m'ha servit per veure quant de mal li havia fet al pare...

—El que senten el seu fill, el seu pare i vostè té relació. La postura que havia pres amb el seu pare és la mateixa que el seu fill adopta ara amb vostè. Gràcies a això vostè ha pogut adonar-se de la situació.

—Li hauria d'estar agraïda, al meu petit. Dir-li: «Gràcies

per haver-me fet adonar de coses importants». La veritat és que fins ara tot el que havia fet era pressionar-lo i dir-li: «Per què no m'expliques res?».

—Pot entendre ara el que sent el seu fill?

—Sí. Quan era petita odiava que el meu pare m'estigués sempre a sobre, queixant-se de tot. Ara entenc que, tot i que ho odiava, les queixes eren una mostra del seu amor, però en aquella època no ho veia de la mateixa manera. Crec que en Yuta se sent igual, que el meu afecte l'atabala massa.

—Vostè com volia que fos el seu pare, quan era petita?

—Volia que cregués en mi, que em digués alguna frase del tipus: «Tot anirà bé, Eiko. Tu pots». Segurament el meu fill vol el mateix. Crec que no he confiat prou en ell. Només feia que pensar que no el podia ajudar i que no podia solucionar-li els problemes. Per això li preguntava sempre per una cosa i per l'altra, intentava alliçonar-lo... Haig de confiar més en ell.

.......... ○鏡○ ..........

—Ha entès el seu pare i això li ha permès entendre el seu fill. Ara ens toca fixar-nos en el seu marit. Al matí, quan m'ha trucat, se'n recorda que li he dit: «Crec que el que li està passant al seu fill té relació amb el fet que vostè no està agraint prou a algú el que ha fet per vostè. Crec que és algú, a més, a qui vostè guarda rancor».

—Sí que me'n recordo.

—Em pot tornar a explicar com se sent respecte al seu marit?

—Doncs el veig com algú sense educació i desconsiderat. Jo pateixo molt pel que li està passant a en Yuta, però ell passa olímpicament de tot. És com parlar amb la paret, per això no li explico mai res. No paga la pena escoltar la seva opinió.

Mentre deia aquestes paraules, l'Eiko es va adonar que l'actitud que havia adoptat amb el seu marit s'assemblava molt a la que tenia amb el seu pare.

—És una actitud semblant a la que tinc amb el meu pare, oi?

—És habitual que les dones projectin les actituds que tenien cap al seu pare també en el seu marit. Per cert, pel que m'ha dit, dedueixo que en Yuta sí que hi confia, en el seu marit. M'equivoco?

—Doncs... No, no s'equivoca. Potser n'hauria d'aprendre, jo. En Yuta parla obertament amb el meu marit. Ho fa perquè sent que confia en ell, no? No havia valorat gens aquesta virtut del meu marit.

—Està bé que se n'hagi adonat. Ara li encomanaré uns deures. Evidentment, vostè triarà si els vol fer o no. Aquest matí vostè ha escrit dos fulls: en un hi posava les coses per les quals estava agraïda al seu pare, i a l'altra les coses per les quals volia disculpar-se, oi? Vull que continuï afegint-hi més coses, en aquestes llistes. Pot fer servir tants fulls com vulgui.

»Quan acabi, prepari un altre full i escrigui, com a títol, *Com hauria d'haver-me comportat amb el meu pare?* La intenció d'aquest nou full no és que vostè es planyi de tot allò que podria haver fet i no va fer amb el pare del passat, sinó aconseguir pistes de com relacionar-se a partir d'ara amb el seu marit.

»D'altra banda, m'agradaria que, al vespre, quan en Yuta s'hagi adormit, li miri la cara. Mentre ho fa, vull que murmuri cent cops «gràcies». Què li sembla? Ho farà?

—I tant que ho faré.

.......... ○ 鏡 ○ ..........

En Yuta va tornar poc després que l'Eiko hagués penjat el telèfon.

Com sempre, va deixar la motxilla a l'entrada, va agafar el seu guant de beisbol i la pilota, i se'n va anar al parc.

«Amb tot el que li va passar ahir al parc, quan el van fer fora els seus amics, i encara hi torna», va pensar ella terriblement preocupada. Per distreure's i no pensar-hi, l'Eiko va posar-se a fer els deures que li havien demanat.

Ara sí que li van venir al cap un munt de coses per les quals estava agraïda al seu pare.

## MOTIUS PELS QUALS ESTIC AGRAÏDA AL PARE

* Haver treballat molt dur a l'obra tant de temps perquè la família pogués tirar endavant.

* Haver-me vetllat i haver-me portat a l'hospital d'urgències quan tenia febre a la nit, cosa que va passar més d'una vegada. (Imagino que havia de ser molt dur, després de tot un dia de feina intensa.)

* Haver-me ensenyat a nedar quan era petita i haver-me portat sovint a la platja i al riu.

* Haver-me comprat cada any, quan era petita, un meló pel meu aniversari. Ell sabia que a mi m'encantava.

* Haver anat a parlar amb els veïns quan el seu fill va començar a ficar-se amb mi quan era petita.

* No haver-se queixat quan vaig entrar a una universitat privada i haver pagat totes les despeses. (Segurament va ser una càrrega econòmica molt gran per a ells en aquell moment.)

* Haver encarregat sushi a domicili d'un restaurant molt car per celebrar que havia aconseguit feina. Llavors li vaig dir que no m'agradava el sushi i ni tan sols el vaig tastar. Es va mostrar completament abatut per la meva actitud.

* Haver-nos obert al meu germà i a mi un compte bancari a cadascú «per a eventuals incidents» i anar-hi ingressant cada mes alguna quantitat, per petita que fos. El dia abans del meu casament, el meu pare va intentar donar-me'ls, però jo li vaig dir que era millor que me'ls ingressés al compte perquè no volia anar carregant-los, i no els hi vaig agafar.

---

Un cop va haver acabat el full amb allò que volia agrair al seu pare, l'Eiko va començar a pensar en els motius que tenia per disculpar-se. Mentre els escrivia, sentia les llàgrimes que li venien als ulls.

«No sabia que m'estimessis tant malgrat tot el que t'he fet passar aquests anys. Estava tan obsessionada per no perdonar-te que no vaig saber veure tot l'amor que senties per mi. I mentre tu no feies més que mostrar-ho, jo no vaig fer res per tu. Gairebé mai no he fet res per tu, com a filla».

L'Eiko va veure també que no havia respectat mai la feina que feia el seu pare. Sempre l'havia considerada vulgar i de poca qualificació. Tanmateix, gràcies al fet que el seu pare va continuar exercint aquella professió, ella va poder anar a la universitat. No s'havia parat mai a pensar-ho. Per primer cop, va sentir gratitud i respecte pel treball del seu pare.

També tenia la sensació que la feina que tenia el seu marit era de poca qualificació. La mateixa animadversió que sentia per la feina barroera del seu pare la sentia per la del seu marit. Havia canviat la manera de veure el seu pare. De segur que hi havia moltes coses que també podia agrair a la feina que feia el seu marit.

.......... ○鏡○ ..........

Amb això en ment, va agafar un altre full i va escriure el títol *Com hauria d'haver-me comportat amb el pare?* No li va costar gaire trobar les paraules per començar a escriure.

## COM HAURIA D'HAVER-ME COMPORTAT AMB EL PARE?

- Hauria d'haver entès que, així com jo no era perfecta, el meu pare tampoc no ho era.
- Hauria d'haver-me adonat de l'amor que s'amagava rere dels actes i les paraules del pare.
- Hauria d'haver-li agraït el que feia per mi.
- Hauria d'haver expressat amb paraules el meu agraïment.
- Hauria d'haver-li dit allò que em molestava i haver construït una relació agradable per a tots dos.

L'Eiko va pensar que allò era exactament el que necessitava fer amb el seu marit.

«Amb el marit que treballava per mi. Amb el company que

he triat per a la meva vida. Havia oblidat agrair-li tot el que fa per mi».

És possible que fos el primer cop a la seva vida que pensava d'aquella manera respecte a ell.

«Possiblement té a veure amb el fet que ara també soc capaç de sentir agraïment cap al pare. Avui li donaré les gràcies al meu marit», va pensar.

.......... ○ 鏡 ○ ..........

En aquest punt estaven els seus pensaments quan va adonar-se que fora havia començat a fer-se fosc. Gairebé no havia fet cap feina de la casa en tot el dia.

Des de la trucada al senyor Yaguchi a les nou del matí, s'havia passat les hores reflexionant sobre la seva vida. «Què faré per sopar?», pensava tot just quan en Yuta va tornar.

—Mare, escolta!

—Què passa? Que t'ha passat res de bo, avui?

—Te'n recordes, d'en Daiki? Ahir em va fer un cop amb la pilota.

—De debò? Aquest és el noi que et fa més la guitza, oi?

—Doncs avui, quan estava a punt de tornar a casa, me l'he trobat al parc i m'ha demanat perdó per haver-se portat tan malament amb mi.

—Que bé! —Mentre deia això, l'Eiko va tenir la sensació que estava passant un miracle. Per força, allò havia d'estar relacionat amb la reconciliació sincera amb el seu pare. N'estava segura.

Parlar amb en Yuta era més important que preparar el sopar, així que va decidir que l'encarregaria. Mentre esperaven, l'Eiko li va dir:

—Em sap greu haver-me ficat tant en els teus assumptes. A partir d'ara, intentaré no estar tan a sobre teu ni criticar-ho tot; però quan necessitis ajuda, digues-m'ho i seré allà. Confio en tu.

La cara d'en Yuta es va il·luminar en sentir aquelles paraules:

—Entesos. Gràcies —va respondre-li.

Era evident que en Yuta desitjava de tot cor sentir que la seva mare confiava en ell.

—Avui ha estat un gran dia! No paren de passar coses bones! —va dir en Yuta. A l'Eiko la va envair la felicitat.

El sopar no va trigar gaire a arribar.

—Yuta, jo avui m'espero que el pare torni per sopar. Tu ves fent.

—Ui, i això? Sempre sopes abans que vingui.

—És que avui em ve de gust sopar amb ell. Sempre torna cansat a casa, després d'haver-se passat tot el dia treballant. Deu ser molt trist haver de sopar tot sol un *oyako-don*[2] fred, no et sembla?

—Doncs jo també m'esperaré que arribi el pare. Serà més divertit si sopem plegats tots tres!

2 Plat típic japonès format principalment per arròs, pollastre i ou.

—Ets un sol, Yuta. T'assembles al teu pare.

—Avui estàs molt rara! Si sempre t'estàs queixant que el pare no té gens de delicadesa.

—Tens raó, però he vist que m'equivocava. El pare és molt amable, fort... Un home com no n'hi ha!

—Ja però, si no estudio, acabaré amb una feina com la seva, no?

—Perdona. També m'equivocava en això. La professió del teu pare està molt bé. Entrega paquets que són molt importants per als clients. A més, gràcies a la seva feina podem menjar cada dia. Hem d'estar agraïts que la tingui, aquesta feina.

—Tu ho penses de debò, això?

—Sí.

Quan l'Eiko va dir allò va veure el somriure més resplendent que li havia vist al seu fill aquell dia.

Els fills han de créixer sentint respecte pels seus progenitors i prenent-los com a model. Les paraules que l'Eiko li havia dedicat al seu fill eren com un semàfor en verd que li permetia respectar el seu pare. Allò va fer en Yuta molt feliç.

·········· ○鏡○ ··········

Quan el marit de l'Eiko va tornar a casa, van menjar tots tres l'arròs amb pollastre. Estava d'allò més content perquè no s'imaginava que l'esperessin per sopar. El menjar ja s'havia refredat, però ell no parava de repetir: «És boníssim! Realment molt bo!».

En Yuta es va quedar adormit mentre el seu pare es banyava. L'Eiko, sense deixar de mirar la cara adormida del seu fill, va començar a donar les gràcies en veu baixa.

Va sentir com li naixia un gran sentiment de gratitud al cor, possiblement fruit d'aquelles paraules.

—Creia que el meu petit era la causa dels meus maldecaps, però ha estat precisament gràcies a ell que he pogut adonar-me d'allò realment important a la vida. Ha estat el meu guia —pensava mentre mirava amb dolçor el seu angelet.

Va adonar-se que les llàgrimes li rodolaven de nou galtes avall. S'havia passat tot el dia plorant com una Magdalena...

El telèfon va sonar al cap de deu minuts. Era un fax de la seva mare. Deia així:

Eiko,

El pare m'ha explicat entre plors el que ha passat avui.

Jo també m'he emocionat molt en sentir-ho.

El pare m'ha dit que en els seus setanta anys de vida, mai no havia viscut un dia tan feliç.

Aquest vespre no ha tocat l'alcohol, i mira que normalment sempre en beu durant el sopar. M'ha dit: «Si m'emborratxo em perdré aquesta felicitat que m'envaeix».

Quan vindràs a casa?
Tenim ganes de veure't!

Mama ママ

«El pare no se salta les seves copes mai, ni tan sols quan està malalt. I no ha begut gens, avui! Les meves paraules el deuen haver fet realment molt feliç. Era la tristesa el que l'empenyia a beure?», va pensar l'Eiko, sentint de nou com se li humitejaven els ulls.

—Què et passa? Que plores? —va preguntar-li el seu marit sortint del lavabo.

L'Eiko li va explicar tot el que li havia passat aquell dia. Va descriure-li la conversa que havia mantingut per telèfon aquell matí amb el senyor Yaguchi, com havia escrit en un paper tot el ressentiment que sentia cap al seu pare i també la trucada que li havia fet a la tarda i que li havia servit per poder-s'hi reconciliar.

—Vaja. I el teu pare també ha plorat? —va demanar ell, que s'ho escoltava tot atentament amb llàgrimes als ulls.

També li va explicar que en Taiki, el noi que li feia la vida impossible a en Yuta, s'havia disculpat amb ell.

—Mmm... Que en passen, de coses rares! No tinc ni idea de com s'ho ha fet, en Yaguchi, però estic molt content que et trobis millor. Això és el més important.

L'Eiko, que continuava plorant, li va demanar perdó al seu marit.

—Gràcies. T'estic molt agraïda per tot el que fas per nosaltres. Avui he tornat a sentir admiració per tu. Em sap greu no haver-me adonat fins ara de com n'ets, de meravellós.

Unes grans llagrimotes van sortir dels ulls d'ell en sentir aquells mots.

.......... ○鏡○ ..........

L'endemà, l'Eiko va informar el senyor Yaguchi de com havia acabat el dia anterior i li va agrair de tot cor la seva ajuda.

El seu marit també li havia trucat aquell matí.

—El seu marit també m'ha trucat. M'alegro d'haver estat útil. Estic admirat del coratge que ha demostrat i també de com ho ha fet, de bé. El que li diré ara és important. Si pot ser, dediqui temps cada dia a donar les gràcies al seu fill, al seu marit i al seu pare. Estic segur que això l'ajudarà a fer més sòlida la relació i a millorar-la.

.......... ○鏡○ ..........

Aquell vespre, en Yuta va tornar a casa molt animat.

—Ja soc a casa! —va dir—. Mare, mare! Avui els meus amics de sempre m'han convidat a jugar a beisbol amb ells! Me n'hi vaig!

En Yuta va agafar el guant i se'n va anar corrents.

De nou, les llàgrimes van baixar per les galtes de l'Eiko. Amb un fil de veu, se'n va acomiadar: «Fins després».

Benvolguda senyora Eiko Akiyama,

El mirall de la vida serveix per fer-nos adonar d'allò que és important. Estic molt orgullós de vostè perquè ha tingut molt de valor per fer el que li he proposat.

Tinc, però, una altra petició a fer-li. Arribarà el dia que l'experiència del que ha viscut serveixi a algú altre. Si aquest dia arribés, m'agradaria que l'expliqués a la persona que ho necessiti. Faci-ho per mi.

Espero de tot cor que la vida de la seva família estigui plena d'alegries, agraïment i amor. Doni records de part meva al seu marit.

Atentament,

Yaguchi

幸せ

# COM ATRAURE LA FELICITAT A LA NOSTRA VIDA

EPÍLEG

## MÉS QUE UNA HISTÒRIA EMOTIVA

Aquesta història, tot i que amb alguns canvis en els noms de les persones, en les feines que feien i adaptada una mica per aconseguir més consistència com a relat, està basada en fets reals.

Quan el 2005 la vaig escriure al meu blog, va tenir una gran acceptació i vaig rebre correus electrònics de multitud de lectors. Entre ells, hi havia moltíssims missatges commovedors, com ara aquests:

—M'he adonat de com m'estimaven, els meus pares.

—El meu cor s'ha omplert de gratitud.

—He trobat el valor per perdonar una persona a la qual havia odiat durant anys.

Un dia, vaig fer còpies d'aquesta història i les vaig repartir entre els assistents als cursos per millorar la intel·ligència emocional que feia a empreses. El primer dia de seminari, els vaig demanar que la llegissin a casa com a deures, i l'endemà vam parlar de què els havia semblat.

El 90% dels assistents em va dir que havien plorat o que se'ls havia escapat alguna llàgrima en llegir-la. Llavors em vaig adonar que aquesta història tenia alguna cosa que tocava la fibra sensible de la gent.

L'any 2006 es va publicar per primer cop i va tenir molt de ressò en els mitjans de comunicació i a internet. Se'n van vendre més d'un milió de còpies.

La veritat és que no m'hauria imaginat mai que tantes persones arribessin a llegir-la.

A mesura que la història es feia coneguda, creixia el nombre de correus electrònics que rebia dels lectors. La majoria eren consultes sobre les relacions entre pares i fills.

«Vull sentir agraïment cap als pares, però quan parlo amb ells i veig que sempre estan criticant tot el que faig, en perdo les ganes. Què puc fer per sentir agraïment sincer cap a ells?»

«Els pares sempre estan tafanejant el que faig i intenten controlar-ho tot, incloent-hi la meva vida privada. Mereixen també agraïment i que intenti construir una bona relació amb ells?»

«Les paraules i l'actitud desconsiderades dels pares m'han fet molt de mal des de petit, i per molt que ho intenti no puc perdonar-los. Ho hauria de fer igualment?»

Molts em preguntaven de quina manera podien canviar la relació amb els seus pares o em confessaven que no sabien com fer-ho. D'altres em demanaven consell sobre com establir les directrius que els permetessin desenvolupar-se i ser més independents.

En resum, la lectura d'aquesta història ha emocionat moltes persones, però els ha resultat poc útil quan han intentat aplicar-la en la relació que tenien amb els seus pares.

Hem decidit crear una versió actualitzada i molt més completa de *La llei del mirall* per intentar donar resposta a les dificultats que sorgeixen a la pràctica, donant explicacions i respostes als lectors que necessitaven alguna pauta més per sortir-se'n.

## LA VIDA ÉS UN MIRALL QUE REFLECTEIX EL NOSTRE INTERIOR

二

A continuació comentaré la història que acabeu de llegir. Comencem pel títol: *La llei del mirall.*

El senyor Yaguchi ensenya a la protagonista de la història, l'Eiko, la llei següent: la realitat del que passa a la nostra vida no és més que un mirall que reflecteix el nostre interior. Aquesta frase expressa exactament el significat de «la llei del mirall».

Tal com indica aquesta llei, el nostre dia a dia funciona talment com ho faria un mirall, reflectint allò que hi ha dins del nostre cor.

Per exemple, si dins de nosaltres només hi ha descontentament, aquest es projectarà i viurem circumstàncies a la nostra vida que incrementaran aquest malestar.

D'altra banda, si estem agraïts al món, també projectarem aquesta gratitud; la vida ens portarà moments pel quals hem d'estar agraïts, i la nostra existència s'omplirà amb aquest sentiment.

De la mateixa manera, quan vivim guardant un gran ressentiment cap a alguna persona, aquest sentiment repercuteix en les nostres vides i ens fa experimentar el ressentiment d'algú altre. Quan ens alegrem de la felicitat dels altres, ens passen coses que ens fan feliços.

A la vida, doncs, ens passa allò que està en la mateixa longitud d'ona que els nostres sentiments. En aquest sentit, la vida és un mirall que reflecteix el nostre interior.

Es creu que els orígens d'aquesta llei es basen en la idea del karma budista, la concepció de recompensa o càstig dels comportaments passats, i aquesta idea també es troba arreu del món en religions tradicionals i en filosofies orientals.

Sovint, aquesta llei pot donar-nos pistes sobre com ens podem enfrontar amb les dificultats amb què ens trobem.

És a dir, si examinem els esdeveniments de les nostres vides podrem esbrinar què sent el nostre cor en aquell moment, i això ens permetrà trobar pistes que ens ajudaran a millorar.

El senyor Yaguchi coneixia aquesta llei i quan va escoltar el problema de l'Eiko, és a dir, que patia perquè els seus companys no acceptaven el seu fill, va concloure que sentia rancúnia cap a algú proper o, dit d'una altra manera, que, en el seu fur intern, hi havia algú que ella no acceptava. Aquesta suposició va ser una gran ajuda per a l'Eiko, ja que li mostrava quin aspecte havia de treballar per aconseguir revertir la situació a la qual feia front.

En els meus anys com a consultor i assessor personal he ajudat molts clients a solucionar problemes, a aconseguir els seus objectius o a realitzar-se com a persones. Durant aquest temps, he pogut comprovar la validesa d'aquesta llei. Molts dels meus clients han analitzat la seva vida des d'aquest nou prisma, l'han reconsiderada i han aconseguit un coneixement profund d'ells mateixos que els ha ajudat a millorar-la.

## ELS MISSATGES QUE ENS PORTEN LES DIFICULTATS

三

Quan ens enfrontem als problemes de la vida tenint en compte els ensenyaments de la llei del mirall, podem percebre'ls com a missatgers que ens adverteixen que cal que reconsiderem el nostre estat intern.

Arribats a aquest punt, m'agradaria aturar-me en aquesta frase per evitar que hi hagi malentesos. Quan dic que cal reconsiderar el nostre estat intern, que és necessari canviar per dins, no vull dir que ens haguem d'oblidar del món extern i que no haguem de fer cap acció real i concreta adreçada a canviar la realitat que ens envolta.

Els problemes que ens trobem en el nostre dia a dia acostumen a resoldre's fent accions específiques fora de nosaltres mateixos. Si ens centrem exclusivament en el nostre interior i no realitzem cap acció externa, no canvia res, oi?

Per exemple, quan algú fa o diu alguna cosa que ens desagrada, li ho transmetem perquè s'aturi, i si no ho fa, ens protegim allunyant-nos-en. És important fer alguna acció concreta, a la realitat, per resoldre el problema.

Tanmateix, hi ha casos en què, malgrat haver realitzat totes les accions que estaven al nostre abast, res no canvia. És en moments com aquests quan cal tornar a examinar el nostre interior i analitzar quins missatges ens està intentant transmetre la situació que vivim.

Quan aconseguim entendre què ens vol dir el problema de nosaltres mateixos, tindrem les pistes necessàries per resoldre'l.

Ara bé, un cop hem analitzat què ens passa i hem entès que «el motiu es troba dins nostre», cal anar amb compte, perquè buscar-lo pot esdevenir addictiu.

Per exemple, imaginem que no trobem quina pot ser la causa interna dels nostres mals quan ens confrontem a un problema i intentem analitzar què ens passa. Si ens entestem a trobar-la costi el que costi, ens perdrem en un laberint que no ens conduirà enlloc.

És normal que intentem millorar quan creiem que hem trobat un possible motiu del problema, una pista sobre com aconseguir-ho. Tanmateix, quan no trobem una causa clara, és més constructiu canviar de punt de vista i centrar-nos en les accions que estan al nostre abast.

Donar indicacions als altres tenint en compte els ensenyaments d'aquesta llei no és gaire aconsellable. Quan diem a una persona que pateix que l'origen del problema és dins seu, pot sentir-se ofesa. Té la sensació, potser, que l'estem culpant de la seva situació.

Quan patim, les persones preferim que ens entenguin i siguin empàtics amb nosaltres al fet que ens assenyalin quina és la possible causa del problema.

A la nostra lectura, el senyor Yaguchi primer escolta de cap a cap tot el que l'Eiko li ha de dir i després li expressa el seu suport dient-li: «No hi ha res més dur per a una mare que veure el seu fill patir, oi?». En la majoria dels casos, la millor manera d'ajudar és escoltar atentament i transmetre la nostra comprensió.

El senyor Yaguchi, però, no es va limitar a fer que l'Eiko se sentís compresa. També li va explicar que era possible que l'origen del problema estigués dins seu.

Això va funcionar, a més de pel fet que el senyor Yaguchi era un professional del *coaching*, perquè l'Eiko estava molt desesperada per resoldre el problema i va demanar ajuda, de manera que va adoptar, així, una actitud oberta i col·laboradora.

Hi ha altres aspectes que es van poder tocar perquè l'Eiko i el senyor Yaguchi no es coneixien. Si algú que ens és proper ens diu que el problema el tenim nosaltres, és probable que ens sentim ferits i acorralats psicològicament parlant.

En el cas que volguéssim transmetre els ensenyaments d'aquesta llei, el millor és tenir preparat algun llibre que l'expliqui i, després d'haver escoltat atentament els problemes que té la persona a qui volem ajudar, dir-li: «Aquest llibre potser et pot ajudar», i deixar que el llibre parli per nosaltres.

## QUÈ ÉS «PERDONAR»?

四

Ara analitzarem una mica el que té a veure amb el perdó.

Sentim que «no podem perdonar» una persona quan ens centrem en fets passats i tenim el cor ple de rancúnia.

En el cas de l'Eiko, retreia al seu pare les paraules i els actes que havia dit i fet en el passat. Malgrat que conscientment ja gairebé no pensés en ell, al fons del seu cor —de manera inconscient— encara pesaven, aquests fets, i continuava culpant-lo.

No podem trobar la pau quan estem en peu de guerra contra algú i sentim que no el podem perdonar. El cor se sent desbordat per la pesantor que hi ha dins seu i nosaltres ens sentim anguniejats.

Quan ens decidim a canviar la situació i a perdonar, sentim com si ens alliberéssim d'una maledicció del passat, i aconseguim una sensació de llibertat emocional que abans no teníem. El perdó ens ofereix la possibilitat de fer descansar el cos i l'ànima.

Ara m'agradaria que ens aturéssim a buscar una definició del verb «perdonar».

Quan parlem de «perdonar» no ens referim a acceptar o fer els ulls grossos als actes dels altres. Tampoc no es tracta d'aguantar desdenys tot i saber que no hem fet res per merèixer-los.

«Perdonar» és alliberar-nos dels fets del passat, deixar d'odiar i triar la nostra tranquil·litat per al moment present. Aquest és el significat que es vol donar a aquesta paraula en la història de l'Eiko.

La indulgència ens permetrà trencar amb lligams antics, la qual cosa ens farà lliures i ens deixarà viure plenament «l'aquí i l'ara».

## QUÈ CAL FER ABANS DE PERDONAR?

五

Hi ha dues qüestions que cal tenir en compte quan ens plantegem el perdó.

La primera és que cal prendre les mesures necessàries per protegir-nos d'aquell que ens fa mal si els seus actes o les seves paraules encara ens afecten.

Per exemple, si tenim un cap a la feina que abusa de la seva posició de poder, cal que prioritzem i, abans de plantejar-nos oblidar les seves ofenses, ens protegim d'ell per evitar que ens faci més mal.

Si malgrat les nostres peticions no accedeix a deixar de banda aquesta actitud abusiva, tindrem l'opció de parlar amb el seu superior o amb recursos humans. Si calgués, també podríem consultar la nostra situació amb alguna entitat externa o plegar de l'empresa. El que calgui per evitar que aquesta persona continuï exercint la seva autoritat sobre nosaltres.

Per molt que ho intentem, és impossible poder perdonar una persona que ens està perjudicant mentre l'abús encara dura. Per aquest motiu és molt important dibuixar una «frontera» adequada entre tots dos que ens protegeixi.

La segona cosa que cal fer abans de perdonar és desfer-nos de tots els sentiments que provoca en nosaltres la situació que vivim o hem viscut. Cal que expulsem tot l'odi i la rancúnia que sentim o tota la tristesa i el patiment que ens causa la relació nociva. Si no ens en desfem i passem directament al perdó, estarem enterrant al fons del nostre cor sentiments que no volem, i és probable que això acabi repercutint en la nostra salut psicològica.

Per exemple, si estem enfadats amb algú però no ho expressem, aquesta negativitat quedarà atrapada dins nostre, i això provocarà que experimentem remordiments o odi cap a nosaltres mateixos per haver-ho permès. Per aquest motiu és molt important alliberar tots aquests sentiments, treure'ls fora.

Amb això no vull dir que li haguem de dir directament tot el que passa pel nostre cap a la persona que ens fa mal. Seria massa violent.

A la història, l'Eiko ho escriu tot en un full que no ensenya al seu pare. És clau ser conscients que escrivim sabent que l'altre no ho veurà mai, perquè ens permet desfogar-nos sense censures i expressar tota la nostra còlera i el nostre ressentiment. El paper és la nostra via d'escapament.

L'Eiko va aconseguir alliberar-se de l'odi que sentia envers el seu pare escrivint frases com ara: «Em fas fàstic!» o «No serveixes com a pare!». És recomanable començar per canalitzar l'agressivitat mitjançant aquest mètode. Fent-ho, accedim als sentiments d'angoixa i patiment amagats, i ens en podem desfer.

No patiu si sou incapaços d'escriure-hi res i no us en sortiu tots sols. Sempre podem buscar el consell de psicòlegs o professionals del *coaching* que us ajudin fins que us sentiu preparats per fer aquest pas. No hi ha pressa.

## PERSONES INCAPACES D'ESTABLIR FRONTERES AMB ELS PARES

六

Abans hem comentat dos passos indispensables que cal fer abans de poder perdonar. Resulta especialment difícil dur-los a terme quan s'emmarquen dins de relacions entre pares i fills.

Per una banda, comentàvem que és important, per evitar fer-nos mal, traçar una frontera adequada entre la persona que ens fereix —el pare o la mare— i un mateix. L'establiment d'aquests límits amb progenitors acostumats a no tenir-ne és complicat.

Hi ha molts adults que encara no han delimitat el seu espai i se senten manipulats per la preocupació excessiva o la interferència que els pares exerceixen a les seves vides.

Això passa sovint amb les persones que s'han criat en un ambient sobreprotector o molt controlat, on els pares feien i desfeien, decidint sobre el curs de la seva existència. Moltes de les consultes que m'han arribat dels lectors estaven motivades per aquesta causa.

El primer que hauríem de fer si volem solucionar amb tacte aquest problema és analitzar la posició del pare sobreprotector. Com indica la paraula, un pare sobreprotector és aquell que protegeix en excés la seva descendència.

Darrerament també se'ls coneix com a «pares helicòpter» perquè no treuen els ulls dels seus fills i actuen com si els sobrevolessin sempre, vigilants per acudir en picat a rescatar el seu petit davant la més petita dificultat.

És evident que, en alguns casos, als fills els cal l'assistència d'un adult. El problema dels pares helicòpter és que intervenen fins i tot en casos on amb una mera supervisió visual n'hi hauria prou.

Per exemple, si un nen de primària està trist perquè s'ha barallat amb els seus amics, no cal que el pare o la mare irrompi corrents en el conflicte, sense que el nen ni tan sols ho hagi demanat, per dictar-li com ha de comportar-se davant d'aquella situació. Fins i tot hi ha pares que, en casos com aquests, truquen als pares dels altres nens per exigir que parlin amb ells i els convencin que facin les paus amb els seus fills.

Aquest tipus de pares provoquen que els fills es quedin sense la possibilitat d'experimentar el fracàs o la frustració. Els infants perden, doncs, oportunitats d'aprendre dels problemes que sorgeixen en les relacions amb els seus amics i es veuen privats de l'ocasió de pensar per ells mateixos maneres de resoldre'ls.

Les persones creixem gràcies a l'aprenentatge que ens proporcionen les dificultats, els errors i les afliccions. És allò que ens permet cultivar la nostra independència. L'actuació dels pares sobreprotectors el que fa és precisament evitar que els fills puguin desenvolupar-se psicològicament de manera autònoma.

Una altra característica d'aquests pares és que desitgen evitar costi el que costi veure la decepció a la cara dels seus fills, així que els compren tot el que desitgen i accedeixen a qualsevol demanda que tenen. Actuant d'aquesta manera el que aconsegueixen és que els fills no experimentin adequadament la frustració i no desenvolupin la capacitat de controlar els seus desitjos.

Als genitors sobreprotectors també se'ls coneix com a «pares cúrling» en referència a l'esport que es practica sobre una pista de gel i en el qual els jugadors han de llençar una pedra sobre la superfície de la pista i «escombrar» insistentment amb un raspall el gel per aconseguir guiar-la i que llisqui com més lluny millor. De la mateixa manera, els pares cúrling intenten fer planeres les vides dels seus fills netejant tots els obstacles que hi puguin trobar.

Passa sovint amb pares amb els fills als últims anys de primària que controlen de cap a cap els seus horaris. D'aquells que abans de sortir de casa els diuen: «Avui a quarta hora tenies música, però recorda que la van canviar per educació física. Has agafat la roba d'esport?» o «Avui és molt probable que plogui. Agafa el paraigua».

El nen hauria de ser perfectament capaç de pensar per ell mateix d'agafar el paraigua o la roba d'esport, però, en canvi, són els pares els que ho fan per ell, i eviten que el fill experimenti un possible fracàs. S'avancen per evitar que els seus fills es facin mal, que passin un mal tràngol o que s'equivoquin. Sense voler-ho, els roben l'oportunitat de créixer i de ser emocionalment independents. Privats d'aquesta independència, els fills són incapaços de trencar amb els pares i de crear les fronteres necessàries per al seu desenvolupament.

Aquesta situació de dependència els porta, a més, a créixer i a convertir-se en adults als quals els costa establir límits amb altres persones, i són especialment vulnerables a la manipulació i molt sensibles davant de qualsevol acte o comentari que se'ls adreci.

## PARES QUE INTENTEN CONTROLAR ELS FILLS

七

Ara parlarem dels progenitors excessivament controladors. Són aquells que controlen a voluntat els moviments dels fills, els que no paren de manar: «Ara fes això, ara fes allò» o «No facis més això».

Dit d'una manera més directa: són aquells pares que no entenen que els seus fills són persones diferents d'ells, amb les seves pròpies preferències i sentiments, i que no necessàriament han de respondre a les seves expectatives. No s'adonen que estan controlant en excés els seus fills, ignorant-ne la personalitat i privant-los d'autonomia.

Els infants maduren i aconsegueixen la seva independència quan creen un espai mental segur on no hi ha interferències de tercers i on poden ser ells mateixos, i això demana que hi hagi uns límits entre ells i els seus progenitors.

Els pares controladors ignoren aquestes barreres i controlen en excés la vida dels seus fills, obstruint el procés de construcció d'aquestes fronteres, és a dir, impedint la necessària creació de la personalitat pròpia del nen.

Si voleu tenir més informació sobre la formació de la personalitat, us recomano el meu llibre *«Kore de ii» to kokoro kara omoeru ikikata*, de l'editorial Sunmark.

Vegem-ho de manera més detallada.

Imaginem que un nen de primer cicle de primària té un secret. El nen pensa: «Això no ho puc explicar als pares, però als meus amics sí». Aquesta actitud és normal. Significa que està formant les fronteres psicològiques amb els pares, cosa que li permetrà gestar un espai propi on se senti segur.

Alguns pares controladors, quan el fill és a l'escola, entren a la seva habitació sense demanar-li permís per fer neteja o endreçar, i es permeten llegir el seu diari, inspeccionar els calaixos o examinar-li l'històric de trucades del mòbil.

Els infants amb un sentiment d'independència incipient rondinarien per aquests fets i exigirien que no li entressin més a l'habitació sense permís. En canvi, els nens criats per pares controladors no són capaços d'expressar el seu disgust. Els han tallat les ales d'aquesta incipient autosuficiència.

En el cas que el fill reunís el valor per aconseguir posar en relleu aquest fet, la resposta que rebria seria del tipus: «Si no t'agrada, neteja't tu mateix l'habitació cada dia; si ho fas, no hi entrarem més». D'aquesta manera, imposant-li uns obstacles difícils de superar, aconsegueixen que la majoria de vegades els infants es donin per vençuts, i els priven de la possibilitat de traçar les seves línies vermelles.

En realitat, són els pares els que no poden deixar volar els fills. En són dependents i són incapaços d'acceptar que se'n vulguin distanciar. Són d'aquells que critiquen els amics del fill i li diuen: «És millor que no vagis amb aquell noi o amb aquella noia»; o els que intenten manipular-lo perquè entri a un institut de prestigi concret o es faci metge. De vegades, aquests intents de controlar el destí dels seus descendents arriba fins a l'edat adulta, on miren de dir la seva fins i tot en l'elecció de la parella o de la feina. No suporten no tenir-ho tot lligat segons els seus criteris.

Fins i tot en els casos en què diuen: «És la teva vida, fes el que vulguis, jo no m'hi ficaré», quan l'elecció que fan no és la que els agrada deixen anar un sospir de desaprovació, posen cara trista o es mostren malhumorats. Influencien de manera indirecta per aconseguir que el fill actuï tal com ells volen.

Els nens que no han aconseguit establir una distància apropiada amb els progenitors hi estan lligats emocionalment i no poden suportar veure'ls expressions de desaprovació a la cara ni de mal humor. Acostumen a triar aquelles accions que compleixen les seves expectatives tot i que això signifiqui esclafar els seus propis sentiments.

## LA SUPERACIÓ DE LA DEPENDÈNCIA PATERNOFILIAL

八

En aquest apartat m'agradaria parlar de l'època de la rebel·lia des del punt de vista de la creació del propi jo. Diferenciem dues fases en el procés de rebel·lia: una en la infantesa i l'altra en l'adolescència. Ens centrarem en la segona.

Quan els nens entren a l'adolescència, qüestionen i veuen estranya o ridícula la manera de pensar dels pares. També sorgeixen sentiments de ràbia que fan que hi hagi confrontacions amb ells. Això és el que considerem la segona fase de l'època de rebel·lia.

Els fills que han experimentat un fort control patern durant la infància són els que tenen una reacció més exaltada, fent allò que saben que farà enrabiar els pares, provocant-los amb paraules que els violenten o refusant-ne tots els valors i les seves formes de veure la vida. D'aquesta manera, quan l'època de la rebel·lia finalitza, els infants han aconseguit establir línies vermelles, s'han deslliurat de l'embruix que exercien els pares i han esdevingut psicològicament independents.

Són nombrosos els pares que ho passen malament durant aquesta època, però cal entendre que aquesta fase rebel és molt important en el procés de desenvolupament cap a la vida adulta.

Els comportaments adolescents dels fills són també una oportunitat per als pares de recuperar el seu espai. Per bé que estiguin decebuts per la forma d'actuar de la seva descendència, aquest allunyament també els permet prendre consciència que no poden controlar a voluntat els seus fills, que no són una propietat seva i que, així com els seus fills faran la seva, ells també han de viure la seva vida.

Dit d'una altra manera: si per als adolescents la rebel·lia és una època necessària per aprendre a ser independents, per als pares és imprescindible per aprendre a desvincular-se dels fills.

Passada la decepció que significa aquest procés de l'adolescència, els pares entenen que no poden continuar exercint el mateix control que abans i aconsegueixen trencar amb l'obsessió que els unia als seus descendents. Fent aquest pas, comprenen que han de recuperar les regnes de la seva existència i es preparen per ser feliços durant la fase següent de la seva vida.

Fins ara hem parlat del significat i la importància que té passar per l'època rebel en el camí cap a la maduresa. Hi ha un gran nombre d'adults, però, que no han aconseguit completar aquest procés per culpa d'uns progenitors amb una excessiva capacitat d'influència sobre ells —massa controladors, protectors o d'altre tipus.

Per exemple, quan els pares tenen una mentalitat inestable o tenen problemes de parella, la família no es pot permetre acceptar el sentiment de rebel·lia dels fills, i aquests se senten incapaços de desenvolupar-lo.

Passa el mateix quan els pares són persones respectades dins de la societat en la qual viuen, ja que els fills veuen que la resta de persones entenen com a correctes i veuen amb bons ulls les seves posicions, i passa a ser inconcebible no acceptar-les de la mateixa manera. Posar-s'hi en contra acaba sent-los molt complicat en aquestes situacions.

Les persones que han arribat a l'edat adulta sense establir limitacions amb els pares experimenten també moltes dificultats quan es tracta d'establir límits amb altres persones, i això provoca que tinguin molts problemes per dir que no quan se'ls demana qualsevol cosa o per no acabar sent víctima de la manipulació dels altres. Acostumen a actuar com els bonassos del grup i pateixen perquè la gent se n'aprofita.

## COM ESTABLIR ELS LÍMITS

九

Recomano als adults que encara no han aconseguit establir límits amb els seus pares, que tornin enrere i es rebel·lin. Evidentment, no com ho faria un adolescent, projectant directament i passionalment la ràbia contra els progenitors, sinó traçant les línies vermelles d'una manera molt més racional. Aconsello escriure en un paper els sentiments de còlera. N'hem parlat quan explicàvem les dues coses que calia fer abans de perdonar. S'apliquen d'igual manera quan es tracta d'establir el nostre espai.

En primer lloc, és important, per evitar fer-nos mal, traçar una frontera adequada entre la persona que ens fereix —el pare o la mare— i un mateix. En segon lloc, cal desfogar-se i alliberar tots els sentiments que provoca en nosaltres aquesta situació.

D'entrada, tractarem la primera regla. Amb uns pares que encara són molt controladors amb els fills adults, és molt útil establir primerament una distància física. Això és especialment efectiu quan encara es cohabita amb ells.

L'opció de viure'n separats, quan aquesta possibilitat existeix, és molt efectiva per poder establir el nostre espai. Quan no queda altre remei que conviure-hi, es pot optar per augmentar el nombre d'hores que passem sense ells, per exemple, fent els àpats a hores diferents o incrementant el temps que passem fora de casa.

Tanmateix, sovint no n'hi ha prou amb això. Els pares excessivament controladors, tot i els intents per posar distància, aprofitaran els moments de trobada per deixar anar les seves crítiques, ens enviaran missatges al mòbil per preguntar on som i si tornem tard, o ens trucaran com a màxim cada tres dies si marxem de casa. Faran tots els possibles per intentar esborrar aquesta línia divisòria que intentem construir.

En moments com aquests cal que ens plantem i diguem «no». Cal expressar directament, amb claredat, que volem que se'ns deixi en pau. Podem dir que deixin de preocupar-se per tot o que no es fiquin més en la nostra vida. Idealment, el millor és expressar peticions concretes, com per exemple: «No vull que m'escriguis més al mòbil».

Si hi ha res que els pares no accepten que fem però tenim ganes de fer, és aconsellable intentar-ho i establir aquesta situació com a punt de partida.

## ELS SENTIMENTS DE CULPABILITAT EN EL PROCÉS D'INDEPENDÈNCIA

Estic segur que moltes persones experimentaran grans dificultats quan vulguin posar aquests ensenyaments en pràctica a causa dels forts sentiments de culpabilitat que els generarà no respondre a les expectatives dels progenitors.

Al Japó, són principalment les mares les que utilitzen el xantatge emocional per sotmetre els fills amb frases com ara: «M'he esforçat molt perquè fossis feliç», amb les quals pretenen mostrar l'entrega i el sacrifici que ha suposat dedicar-se a la seva criança. Mostrant les privacions patides, generen sentiments de culpabilitat que els serveixen per garantir el control dels fills.

El psicòleg Kouichi Takaishi anomena aquesta tècnica «control masoquista» en el seu llibre *Haha wo sasaeru musumetachi* ('Les filles que recolzen les seves mares'). Al Japó se'n troben molts, de casos com aquest.

Tal com indica Takaishi, amb aquests sacrificis autoimposats envien als fills un missatge tàcit que els lliga de mans i peus: «Ningú no es preocupa tant per tu com jo». Per això, el fill experimenta un gran sentiment de culpa quan deixa de respondre als seus desitjos i comença a volar tot sol.

En molts casos s'accepta el control patern per no haver de carregar aquest pes. Tanmateix, aquesta és una fase necessària per esdevenir un adult independent, i cal mantenir la determinació de decebre els pares tant si existeix aquest tipus de sentiment com si no. En la majoria dels casos, els remordiments aniran desapareixent a mesura que s'aconsegueixi establir una relació d'independència sana amb els progenitors. A continuació m'agradaria comentar les consideracions d'alguns psiquiatres sobre aquest tema.

En primer lloc, ens detindrem en les paraules que dirigeix Okada Takashi a les persones que pateixen perquè no han aconseguit desvincular-se dels progenitors i, en especial de les mares, a *Haha to iu yamai* ('La malaltia anomenada *mare*'):

«Per aconseguir establir el propi jo, cal marcar una certa distància amb la mare. Quan la distància no és prou gran, o bé en som dependents o bé ens està dominant. [...] Les afeccions cobdicioses i insegures en els lligams maternofilials no es poden trencar malgrat que hagi arribat el moment. Quan es prova de desfer aquest vincle, totes dues parts es resisteixen a permetre-ho.

»El fill experimentarà sentiments de culpabilitat i ansietat en sentir els plors o les crítiques de la mare, i naixerà en ell la sensació que no pot anar enlloc sense ella, de manera que se sentirà mal fill si l'abandona. La situació en aquest punt encara és reversible, si es decideix fugir ràpidament de les faldilles de la mare.

[...]

En cert sentit, el primer pas —tot i que dolorós— que hem de fer per aconseguir ser adults independents és desentendre'ns de l'estat de la mare. És una fase dura, en què sentirem que se'ns parteix el cor. Aquesta experiència serà molt més dura per a aquelles persones que s'hagin sentit estimades i consentides durant la infància que per a aquelles que no».

Ara m'agradaria que paréssim atenció a les paraules de Saitou Satoru a *Innaa mazaa* ('La mare que portem a dins'), en el qual se'ns presenta el cas d'una dona amb bulímia nerviosa que patia enormement per no haver aconseguit trencar el cordó que la unia a la seva mare:

«Abans de sentir pena per la mare cal prendre's un moment per compadir-se d'un mateix. [...] No podem ajudar-la si abans no ens hem ajudat a nosaltres mateixos. La bulímia nerviosa mai no hauria aparegut si en comptes de "pobreta mare" haguéssim pensat "la mare ha patit, però és la seva vida i jo tinc la meva; haig de mirar de ser feliç"».

## EVITAR PREOCUPAR-SE EN EXCÉS PER LA FELICITAT MÚTUA

十一

Vull tornar a insistir un cop més en aquest tema: trencar d'una manera clara amb els pares no té res de dolent. De fet, fins i tot és beneficiós per a la seva felicitat.

Si els pares no aconsegueixen deslliurar-se de l'excessiva dependència, experimentaran un fort sentiment de fracàs quan no es compleixin les altes expectatives que han dipositat en els fills.

És imprescindible que els pares deixin espai i se separin dels fills —i els fills dels pares— per poder aconseguir la felicitat tant dels uns com dels altres.

Les teràpies de família permeten saber si cal establir més distància entre els membres. El terapeuta Salvador Minuchin estudia les característiques de les famílies amb nens amb trastorns alimentaris en el llibre *Psychosomatic Families: Anorexia Nervosa in Context* ('Famílies psicosomàtiques: anorèxia nerviosa en context').

Ens explica, per exemple, que quan els membres d'una família estan molt units, és d'esperar que s'hi estableixin uns vincles forts i molts propers, la qual cosa fa que la distància entre uns i altres sigui mínima.

En aquests casos, els pares senten que han d'involucrar-se en la vida dels fills per aconseguir que siguin feliços i, al mateix temps, els fills senten que han de respondre a les expectatives dels pares per fer que que n'estiguin orgullosos. Pares i fills actuen pensant en la satisfacció de l'altre.

Quan l'organització familiar deixa de ser funcional, es manifesta amb patologies en els nens, com ara els trastorns de la conducta alimentària. Fins i tot en els casos en què els trastorns existeixen de manera temporal però no es manifesten, es creu que gran part de la responsabilitat psicològica recau en algun membre de la família.

Construir i conservar les fronteres apropiades entre els integrants de la unitat familiar serveix per propiciar una vida en família sana i estableix els fonaments per a la felicitat de tots els que hi pertanyen.

En realitat, en el procés de constitució de fronteres no cal ser radical. És millor començar amb canvis subtils i fer que la resta de familiars s'hi acostumin a poc a poc.

Probablement no ens en sortirem a la primera. Canviar hàbits arrelats no es fa d'un dia per l'altre. Introduir petits canvis ens servirà, amb el temps, per aconseguir canvis més grans.

Cal prendre's aquest procés amb calma, sense estridències, conquistant mil·límetre a mil·límetre l'espai entre nosaltres i els pares. En la mesura que sigui possible, se'ls ha d'anar enviant un missatge —ja sigui verbal o mitjançant una actitud— que deixi ben clar que no podem respondre a les expectatives que han creat sobre nosaltres.

## EXPRESSAR ELS SENTIMENTS

十二

Fins ara hem estat parlant de la primera mesura per a l'establiment de fronteres amb els pares, és a dir, sobre la manera de tornar a reprendre la rebel·lia un cop passada l'adolescència.

Tot sigui dit, en el cas de l'Eiko, la protagonista de la nostra història, aquest primer pas no és necessari per poder perdonar el pare. Des que es va casar que no hi convivia i que només tornava a casa dels pares comptades vegades, com ara per Cap d'Any o a les vacances d'estiu. Això feia molt complicat que el pare pogués ficar cullerada en els seus assumptes, ja que havia establert una clara barrera psicològica amb ell.

El que a ella li cal és fer el segon pas, és a dir, permetre's expressar els sentiments. Des que anava a secundària que s'havia tancat en banda i no li parlava. Havia enterrat ben endins seu els sentiments i no havia tingut ocasió de confessar-los. Al principi li costa molt expressar el seu odi, però al final se'n surt. Escrivint, aconsegueix desfer-se'n i completar la segona fase de la seva rebel·lia tardana.

Aquelles persones que manifesten en el seu moment als pares la seva ràbia probablement no són capaces d'escriure ni una sola línia. Si és el vostre cas, podeu prescindir d'aquest tràmit. Tampoc no serà necessari aquest pas si en el moment actual els pares ja respecten prou la vostra voluntat i els vostres sentiments, o si no sentiu cap mena d'animadversió cap a ells.

D'altra banda, si els heu aguantat molts greuges i us sentiu culpables per guardar-los ressentiment, és ben probable que dins vostre hi hagi amagades un parell o tres de coses no gaire agradables que els voldríeu deixar clares.

De vegades, ens privem d'expressar el nostre disgust perquè, inconscientment, ens convencem que els pares tenien els seus motius i que no està bé culpar-los-en. En aquests casos, moltes persones tenen problemes per deixar-se anar davant del paper.

Tal com hem comentat, el nostre ressentiment se'ns gira en contra quan l'amaguem, i provoca remordiments o animadversió cap a nosaltres mateixos. Per això, m'agradaria que us autoritzeu a culpar els pares. Cal que ens convencem que no cal assumir tota la responsabilitat sobre el mal que ens ha fet la relació paternofilial.

Abans he parlat d'una manera una mica dura contra els pares sobreprotectors i els pares controladors que estan sempre damunt dels nens. M'he expressat en aquests termes per mostrar a aquelles persones que fins ara han estat incapaces de posar els punts sobre les is als pares que no cal que carreguin tota la culpa. Ens hem de permetre recriminar-los allò que han fet malament.

Abans de perdonar-los de manera sincera és imprescindible expressar sense restriccions els nostres sentiments i deixar clar que ells també han actuat de vegades de manera incorrecta.

De nou, no cal que ens hi enfrontem. El paper serà el nostre aliat i acceptarà tot el que hi diguem.

Abans parlàvem de dues accions que calia fer abans de ser capaços de perdonar: la primera era «dibuixar una frontera adequada entre nosaltres i els pares» i la segona, «alliberar tots els sentiments que sentim envers ells». Intentar saltar-nos aquests dos passos i perdonar-los directament pot ser una font de patiment.

He rebut molts correus electrònics de lectors que m'han confessat que, com més miraven d'exculpar els seus pares, més mal els feia tot plegat. Passava molt sovint amb aquells que s'havien saltat algun d'aquests dos passos, o bé tots dos.

Enfrontar-nos a aquestes dues fases ens permet finalitzar la fase rebel que ens havíem saltat i alliberar-nos del jou que ens lliga amb els progenitors.

Podrem perdonar els pares sincerament per primer cop i agrair-los la seva dedicació quan ens sentim lliures i desvinculats de la seva tirania. Només quan s'hagi establert una distància apropiada podrem començar a construir sense reserves una relació paternofilial feliç.

## EL REGAL MÉS GRAN PER A UN FILL

十三

Fins ara hem estat abordant totes les situacions des del punt de vista dels fills i no des del punt de vista dels pares. De segur, però, que a alguns dels nostres lectors els ha vingut al cap, llegint aquestes línies: «Jo soc un pare sobreprotector» o «M'estic convertint en un pare massa intrusiu».

Si aquest és el cas, no us hi feu mala sang. Els pares també són persones de carn i ossos, i com a tals, és normal que tinguin defectes i debilitats. No hi ha ningú perfecte.

Quan s'està criant els fills, sorgeixen mil i una preocupacions i inseguretats. Són mecanismes que ens haurien de servir per protegir-los de manera adequada segons l'edat i també per guiar-los. Els problemes comencen en el moment en què aquestes ansietats ens depassen i no som capaços d'entomar-les tots sols.

És en aquestes situacions que tendim a voler protegir en excés o controlar.

És important conèixer-nos a nosaltres mateixos i ser conscients de en quin moment una situació ens sobrepassa. Hem de créixer amb les dificultats i acceptar les nostres limitacions per enfrontar-nos-hi. No passa res per pensar: «Ara mateix estic molt angoixat i preocupat. El problema és tan gran que no sé per on agafar-lo».

Hem de fer tots els possibles per traçar estratègies que evitin que aquestes ansietats i inseguretats es transformin en un control excessiu o una sobreprotecció dels fills. Per exemple, quan ens sentim superats pels sentiments, podem compartir aquestes preocupacions sobre l'educació dels fills amb la nostra parella. Això ens ajudarà, ja que dividirem la càrrega entre dos. Perquè sigui factible, però, en alguns casos caldrà reconstruir-ne la relació.

La meva recomanació per als pares i les mares solters és buscar alguna persona amb qui conversar sobre les preocupacions de la criança per evitar carregar-les tots sols. Pujar un fill sense l'ajuda de ningú més és molt dur, i quan els sentiments ens sobrepassen, és fàcil que el problema acabi passant factura als petits.

Tots som éssers imperfectes i inexperts als quals queda molt per aprendre. Els pares també s'han de permetre ser-ho. La imperfecció significa que encara tenim espai per al creixement i la inexperiència i que a partir d'ara coneixerem més, adquirirem experiència i farem via cap a la maduresa.

Acceptem que no som perfectes, que ens falta molt per aprendre. Pensem ara en els passos que ens cal fer per millorar i créixer com a pares. Crec que perfeccionar-nos com a pares és el millor regal que es pot fer a un fill, ja que repercutirà directament en ell.

## ELS VUIT PASSOS CAP AL PERDÓ

十四

A continuació concretarem els vuit passos que cal fer per aconseguir perdonar.

Per començar, cal triar una persona a qui vulguem perdonar o una a qui ens farà bé perdonar. Un cop tenim definida la persona, cal seguir amb ella les vuit fases que mostrarem a continuació.

També és aconsellable dur a terme aquest procés, si és possible, amb els pares. Les persones casades també ho poden fer amb el marit o la muller, i les divorciades, amb qui era la seva parella.

Aquests passos també són útils fins i tot quan la persona a la qual ens costa perdonar ja és morta. No dubteu a fer-los servir si és el vostre cas.

### PAS 1. TRAÇAR FRONTERES

Si el comportament o les paraules de la persona a qui hem de perdonar encara ens fan mal, la primera acció que hem d'emprendre és posar distància entre tots dos per evitar que el mal que ens ha fet sigui encara més gran.

Cal que li expressem clarament amb un «no!» o un «prou!» que abandoni aquesta actitud, i protegir-nos posant-hi distància, fugint d'aquesta persona. Analitzar la situació amb alguna institució o assessor expert també pot ser útil.

Si la persona en qüestió ja no té capacitat de fer-nos mal, podem passar directament a la fase següent.

### PAS 2. DESFOGAR-NOS

Preparem alguns fulls hi escrivim tots els sentiments que ens provoca o ha provocat la persona triada. També podem expressar les sensacions que ens ha causat un fet concret relacionat amb aquesta persona. En aquests casos, és més important remarcar què vam sentir que no descriure la situació pròpiament.

Recomano començar pels sentiments més violents de ràbia i d'odi. Cal ser directes i deixar anar els comentaris sense embuts, ja que la persona a qui tot això va dirigit no ho ha de veure. «No m'arribes ni a la sola de la sabata», «Em fas fàstic» o «Ets un merda»... Són exemples perfectament vàlids del que podem posar. Escriviu sense censures allò que us passi pel cap, fins i tot paraulotes.

Convertiu en paraules tota la tristesa i els sentiments d'angoixa que heu patit durant aquest temps. Connecteu amb la tristor i el vostre patiment i deixeu-ho anar tot en forma de paraules. Si sentiu ganes de plorar, no us n'estigueu.

Quan sentiu que ja no teniu res més a dir, podeu deixar d'escriure, estripar aquest paper i llençar-lo a les escombraries.

**PAS 3. ENTENDRE LES MOTIVACIONS**

1- Descriviu en un full la conducta de la persona a la qual no podeu perdonar.

2- Intenteu imaginar el perquè de la seva conducta i anoteu-ho al mateix paper. Les motivacions de les persones es divideixen, *grosso modo*, en dos tipus: fugir del dolor i experimentar plaer.

Què va motivar la seva conducta? De quin tipus de dolor fugia o quin plaer cercava? Penseu-hi i escriviu quins creieu que han estat els motius del seu comportament.

3- Quan hagueu acabat, preneu-vos tot el temps que calgui per entendre que aquesta persona ha actuat així a causa de la seva immaduresa i les seves inseguretats.

Tots adoptem sovint conductes equivocades. De vegades, cerquem aconseguir la felicitat amb alguna activitat que finalment acaba fent-nos mal, o intentem defugir el dolor i només aconseguim fer-lo créixer.

Això ens passa perquè som éssers immadurs, maldestres i amb febleses. Cal que entenguem i comprenem que la persona que ens ha fet mal també té els mateixos defectes.

4- Cal que ens diguem: «Igual que jo, el/la X també volia fugir del dolor. Igual que jo, el/la X cercava la felicitat».

**PAS 4. EXPRESSAR AGRAÏMENT**

Escriviu els motius pels quals podeu estar agraïts a aquella persona. Poden ser fets insignificants, però cal dedicar temps a aquesta tasca i intentar trobar-ne com més millor.

### PAS 5. RECITAR PARAULES D'AGRAÏMENT

Cal que repetim una vegada i una altra: «Moltes gràcies, X». Si pot ser en veu alta, molt millor. També val fer-ho en veu baixa, només per a nosaltres.

Podeu fer-ho sense sentir realment aquesta gratitud, fins i tot si encara teniu la sensació que no podeu perdonar aquella persona. Comenceu per la forma, i la resta vindrà sol. Encara que us costi, cal que dediqueu uns minuts a repetir aquest mantra de paraules d'agraïment.

Arribats a aquest punt, a la nostra història, el senyor Yaguchi fa que l'Eiko se salti aquesta fase i li proposa directament que truqui al seu pare. Normalment això no passa, el cas de l'Eiko és excepcional. El senyor Yaguchi analitza la situació de l'Eiko i intueix que allò pot anar-li bé, però sovint només es recomana fer aquest pas quan la persona, havent completat del tot la fase cinc, ho demana expressament.

### PAS 6. DISCULPAR-NOS

Com en les fases anteriors, cal que escrivim tot allò —com més millor— de què ens volem disculpar.

### PAS 7. ANALITZAR QUÈ HEM APRÈS

La següent etapa és escriure tots els aprenentatges que ha

deixat el pas d'aquesta persona per la nostra vida.

Com hauríem d'haver afrontat aquesta relació? Si ens tornem a trobar amb algú com ell/ella, com l'hem de tractar? Si ens parem a considerar aquest tipus de qüestions, de segur que ens adonarem de molts altres ensenyaments que hem extret de la situació.

**PAS 8. RECITEM**

Proclamarem el següent:

-X, et perdono per poder ser lliure.
-X, et perdono per poder ser feliç.
-X, et perdono per poder tenir pau.

Aquests són els vuit passos que cal seguir per poder perdonar.

Un cop haguem completat totes les fases, hem de fer una pausa i agrair-nos a nosaltres mateixos haver tingut el valor de triar el perdó. Escollint-lo, deixem de ser víctimes i tornem a assumir la responsabilitat sobre la nostra vida. Cal que ens sentim orgullosos d'haver fet aquest pas.

## PERDONEM-NOS PER NO PODER PERDONAR

十五

Potser coneixem algú a qui, per molt que ho intentem, no podem perdonar i amb qui no ens veiem amb cor d'aplicar aquests vuit passos cap al perdó que acabem de veure. O bé ho hem intentat i no hem passat de la tercera fase.

Si ens passa això, no cal que ens sentim malament. Hem d'entendre que les ferides que ens ha causat aquesta persona són molt profundes i ens hem de perdonar no poder-la perdonar.

Encara no estem preparats per fer-ho.

El primer que hem de fer en aquests casos és acceptar-ho i practicar la propiocepció. Com més entenguem com ens sentim, més fàcil serà que aflori la voluntat de perdonar. Afrontant-nos a la feina de conèixer-nos, explorarem les nostres creences més arrelades. N'hi ha que frenen el procés del perdó. Vegem-ne alguns exemples:

- Si el/la perdono, he perdut.
- Em sento millor sent jo la víctima.
- L'altra persona ha de rebre un càstig pel seu comportament.

- Si no em revenjo, no es dissiparà el meu odi.
- No perdonar em serveix per protegir-me.

En trobem moltes d'altres de semblants. Caldria que ens aturéssim a analitzar si aquestes creences ens estan ajudant realment o no a ser feliços.

## ACONSEGUIR UNA VIDA FELIÇ

十六

Quan se segueixen i s'acaben els vuit passos cap al perdó, pot sorgir la voluntat d'agrair el que algú ha fet per nosaltres o de demanar-li perdó a la persona que havíem odiat.

No tinc res en contra de posar-se en contacte directament amb ella i expressar-li aquests sentiments. Tanmateix, en el cas de dur-ho a terme, és millor no tenir cap expectativa sobre la reacció que la nostra confessió provocarà.

Alguns lectors m'han explicat que van reunir el valor necessari per expressar als seus pares unes paraules d'agraïment, però la resposta que van rebre va ser un decebedor: «Ara ja és massa tard!».

En el supòsit que us decidiu a fer el pas, no espereu una reacció com la del pare de l'Eiko perquè, si no la teniu, podeu arribar a sentir-vos frustrats.

Demanar perdó o expressar gratitud s'ha de fer com un objectiu per a un mateix i no amb l'esperança de provocar una reacció en l'altre. Ens acceptin o no les gràcies o les disculpes, haurem aconseguit transmetre el que volíem i amb això ja n'hi ha prou.

No acceptar les nostres paraules ens mostra que el seu dolor també és gran i evidencia la fragilitat d'aquesta persona. No ens n'hem de sentir culpables ni permetre que ens afecti. Ningú ens obliga a confessar el que sentim si ens preocupa la resposta que rebrem. El més important és que nosaltres, interiorment, haguem completat l'etapa de perdó i ens haguem alliberat de l'obsessió que professàvem cap a l'altre. Aquest és l'objectiu dels vuit passos cap al perdó: aconseguir completar un procés intern que ens alliberi.

Per acabar, m'agradaria que retinguéssiu les paraules següents, que resumeixen el que vull expressar en aquest llibre:

Tots els problemes amb què ens trobem durant la vida, hi són per ajudar-nos a prendre consciència d'alguna realitat important. No ens enfrontem a cap problema que no siguem capaços de solucionar, tenim els recursos suficients per resoldre totes aquelles dificultats que ens trobem a la vida. Aquests conflictes es presenten perquè la seva resolució és clau per a la construcció d'una vida feliç.

Espero que aquest llibre us ajudi a fer la vostra vida més feliç, que atragueu moltes persones meravelloses i que el vostre voltant s'ompli de persones felices!

Yoshinori Noguchi
野口嘉則